MANUEL ÁNGEL VÁZQUEZ MEDEL

MÁGICO PODER

MANUEL ÁNGEL VÁZQUEZ MEDEL

MÁGICO PODER

HUERGA & FIERRO editores

Diseño de Colección: Huerga y Fierro

Primera edición: 2024

C/Sebastián Herrera, 9
28012 Madrid-España
Telf.: 91 467 63 61
www.huergayfierro.com
huerga@huergayfierro.com

I.S.B.N.: 978-84-128971-5-9
Depósito Legal: M-22630-2024
Impreso en Romadac Industria del Libro
Impreso en España/Printed and made in Spain

MÁGICO PODER

Así, en el sueño inconsciente del alma infantil, apareció ya el poder mágico que consuela de la vida, y desde entonces así lo veo flotar ante mis ojos: tal aquel resplandor vago que yo veía dibujarse en la oscuridad, sacudiendo con su ala palpitante las notas cristalinas y puras de la melodía.

Luis Cernuda, "La poesía", en *Ocnos*

Volver a las palabras.
Con voluntad de sentido.
Boqueando. Pez en la orilla
común de los creyentes.

Chantal Maillard, "El pez", en *Hilos*

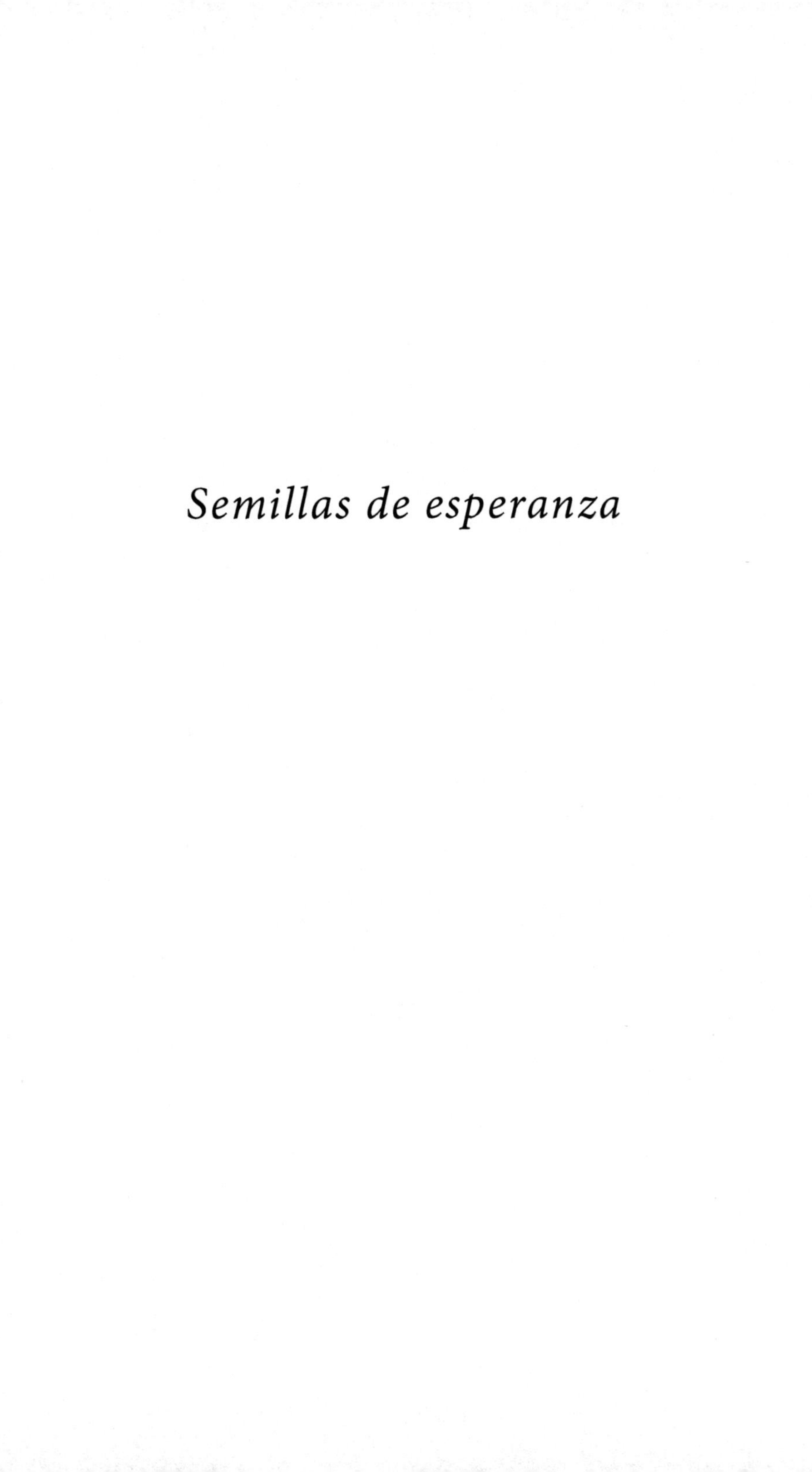

Semillas de esperanza

Oh, ¡feliz aquel que todavía tiene esperanza
de emerger de este mar de confusión!
JOHANN WOLFGANG VON GOETHE, *Faustus*

Sé lo que es esperar:
¡esperé tantos
días y tantas cosas en mi vida!
ÁNGEL GONZÁLEZ, *Sin esperanza con convencimiento*

Quien salva a otro salva al mundo
FLORENCIO LUQUE ALFONSO, *Acerico*

ESPERANZA EN TIEMPOS DE OSCURIDAD

El hombre es un dios cuando sueña y un mendigo cuando reflexiona. Cuando el entusiasmo desaparece, se queda como un hijo pródigo a quien el padre echó de casa.

FRIEDRICH HÖLDERLIN, *Hyperion*

En tiempos de tanta oscuridad chispas de luz reverberan en todos los lugares: en el fondo del bosque devastado de fuego y avaricia; en los ojos ausentes de niños que morirán de indiferencia y hambre; en el cabello de mujeres vejadas, maltratadas, por no llevar un velo; en colegios y puentes destruidos y en los cadáveres que las bombas esparcen; en el océano infectado de basuras y desechos; y en los mares de cuerpos ya sin vida, buscadores de pan y dignidad en paraísos que les fueron vedados.

En tiempos de tanta oscuridad hay destellos de luz, y la vida se afirma hasta el último aliento. Nos basta abrir los ojos, desgarrarlos de dolor, henchirlos de esperanza. Saber captar la luz: acoger su reverberación y hacerla resonar en las entrañas. Para no quedar ciegos. Para no ser ajenos a los gritos de espanto de nuestra madre tierra, a los gritos de hermanas que claman e invocan en silencio. A ese grito interior que nos abre y nos religa a todo el universo.

En tiempos de tanta oscuridad semillas de esperanza germinan por doquier. Hay que abonarlas, regarlas, permitirles crecer para para que lo posible fructifique. Para que lo improbable sorprenda en el milagro de los hechos cumplidos. Todo corre, todo discurre raudo, desde lo uno originario a la unidad final, tejida de verdad, de bondad, de belleza. Fluye, discurre, déjate llevar por esa luz que habita en cada cosa y que refulge en ti.

En tiempos de tanta oscuridad la luz del corazón ha de poder más que la negrura de la indigente inteligencia desolada. Pues los humanos somos dioses cuando soñamos, mendigos si pensamos. La mano que se entrega, nos sostiene y acoge, ha de poder más que el puño amenazante que golpea, con cobardía, lo más débil. Vivir con plenitud el presente sagrado, tremendo y fascinante, ha de vencer la muerte de viscerales odios, de estériles resentimientos, de miedos al futuro que nos hacen esclavos.

En tiempos de tanta oscuridad, realiza tu misión con alegría, aunque mañana todo se acabe y lo sólido se desvanezca en el aire. La luz de tu acción en este instante se abrirá, como una flor, al infinito.

TURRIS FORTÍSSIMA

El mundo se derrumba y tú escribes poemas
JUAN COBOS WILKINS

Aunque el final del mundo sea mañana, hoy
plantaré manzanos en mi huerto.
MARTÍN LUTERO

Elevar torres de palabras.
Levantar puentes de papel.
Escribir poemas con nuestra sangre
mientras el mundo se derrumba.
Para salvar lo auténtico, lo bueno, la frágil hermosura,
antes de que la herrumbre y la carcoma
acaben con lo humano verdadero.
Para no bajar cuando todo baja
y rescatar de abismos de abyección
la paz y la palabra sanadora.
Construir recintos para el ser.
Casas de tiempo y de silencio
que den al río de la vida.
Poemas para la espera y la esperanza.
Aunque jamás se cumplan los deseos más nobles.
Aunque los sueños más hermosos nunca se realicen.
Plantemos hoy manzanos en el huerto,
aunque el mundo se termine mañana.

LAS JUSTAS

Esas personas, que se ignoran, están salvando el mundo.
JORGE LUIS BORGES, *Los justos*

Si viniera,/ si una mujer viniera, ahora,/ si una mujer viniera al mundo con/ la espiga de luz de/ las matriarcas:/ si hablara de este/ tiempo debería/ tan sólo balbucir, balbucir/ y así tal vez/ tal vez así/ asíasí/ tal vez
CHANTAL MAILLARD, *La herida en la lengua*

Una mujer que cultiva su huerto para poder comer.
La que agradece que en la tierra haya agua.
La que descubre con placer por vez primera una palabra escrita.
Dos desempleadas que aguardan en silencio su ración de alimento.
La niña costurera que borda por un céntimo un color y una forma.
La lectora que reenvía este texto porque tal vez le gusta.
Una mujer y un hombre que escriben el fragmento inicial de un canto nuevo.
La que acaricia a una anciana dormida.
La que no justifica ni puede comprender el mal.
La que agradece que en la tierra haya Virginia Woolf.
La que lucha por que otros acepten su verdad.
Esas mujeres, que se ignoran, están salvando el mundo.

PALABRA Y VIDA

Casa de tiempo y de silencio que da al río de la vida.
JUAN RAMÓN JIMÉNEZ

Si tocas la palabra, la palabra te toca.
No hay asepsia posible. No hay escape.
La palabra te emplaza, te lleva a la existencia.
En ella se gestó. Se apagará tras ella,
pues nunca excederá la palabra a la vida.

Sin embargo,
tan solo la palabra le puede dar sentido
arañando los límites que le fueron impuestos,
renovando los signos desde dentro del símbolo,
lanzando más allá el sonido y la idea.

Palabra
surcada desde siempre por memorias, deseos,
estigmas que la tribu esculpe sobre ella
y que el poeta quiere llevar hasta el origen
para lanzar más lejos, más alto, más profundo.

Así cuando pidamos la paz y la palabra
pediremos también la paz y su justicia;
la palabra de quienes, despojados de voz,
elevan su clamor en el vacío
y daremos su justa medida a los silencios.

Cuando digamos "Matria" nos sentiremos parte
de la tierra que acoge nuestros pasos perdidos,
cantaremos el gozo de recibir la vida,
el don de respirar y alcanzar la conciencia
de la unidad profunda en que se integra todo.

Venimos de muy lejos, hijos de las estrellas.
Pero en nosotros surge el don de la palabra,
casa de tiempo y de silencio,
morada de este ser
                                        que somos cuando hablamos.

POEMA PARA LA ESPERANZA

El tiempo es breve, las ansias crecen, las esperanzas menguan y, con todo esto, llevo la vida sobre el deseo que tengo de vivir.

MIGUEL DE CERVANTES, "Dedicatoria"
de *Los trabajos de Persiles y Sigismunda*

Me gustaría tejer, como Penélope,
el hermoso tapiz de la esperanza.
Aunque tuviera también que deshacer
cada crepúsculo todo lo tejido.
No renunciar jamás a seguir esperando
mientras la vida dure.
Y mantener por siempre viva la memoria
de lo que más amamos, como Ulises.
Decir que no a Calipso y a la inmortalidad
para al fin regresar
al ámbito que me ofreció la vida y siento como mío.

Me gustaría volar, como Ícaro a lo alto,
aunque el sol me derribe derritiendo mis alas.
Y volvería a alzar una vez y otra vez
el frágil vuelo,
como Sísifo lleva la roca hacia la cumbre.
No abandonar jamás el camino iniciado
mientras me quede un palmo por llegar a la meta.

Me gustaría decir, como Cervantes,
que sostengo la vida sobre las ganas que tengo de vivir,
aunque me esté muriendo.
Y despedir con gratitud el mundo,
las gracias, los donaires, los amigos.

EL PRINCIPIO ESPERANZA

Das Prinzip Hoffnung
Ernst Bloch

Las respuestas a todas las preguntas están siempre al final
del largo recorrido que conduce a la muerte. En ella se consuma
la plenitud de todo lo vivido: el gozo y el dolor,
las luces y las sombras que tejen la existencia.
Pues somos caminantes por el camino de nuestra propia vida
hacia el abismo oscuro que al final nos acoge.

Sí: la vida es hermosa cuando abrimos la puerta,
cuando somos capaces de mirar al futuro
henchidos de esperanza. Pues eso es esperar:
abrazar la utopía que se nos niega ahora
pero que en nuestro humilde gesto de amor y resistencia
traemos a la vida.

Concebir la esperanza. Parirla entre dolores,
sostenerla en los brazos con la misma ternura
con que la madre acerca sus labios doloridos
a la recién nacida.
Somos seres de amor, de vida y de esperanza,
que en las noches más frías del invierno
enlazamos los cuerpos ateridos para darnos calor.

Unidos esperamos, más allá de las sombras,
la luz de la mañana. El nuevo amanecer.
Esa mágica hora en que se hacen reales
los más hermosos sueños.

Regreso al origen

Ma fin est mon commencement
Et mon commencement ma fin.
GUILLAUME DE MACHAUT

In my beginning is my end...
...In my end is my beginning.
T.S. ELIOT, *Four Quartets, East Coker,* vv. 1 y 209

Sé que volveré a casa
cuando deje de ser y estar a un tiempo.
JOSÉ MARÍA MICÓ

Hoy
se ha dado cumplimiento
al tiempo de la espera.
Llegó la luz. O estuvo desde siempre.
No la supiste ver: tus ojos eran ciegos
para la gracia, para la eternidad
que habita en este instante.
Pero al final llegó. Vives un tiempo nuevo.
Ayer giró la luz e iluminó tus manos.
Este eterno retorno de la guerra y la paz
ha llegado a su fin. Sólo la paz,
aunque la guerra siga.

EN esta paz que habitas
encontraste tu rostro
por tanto tiempo oculto
tras máscaras de hielo.
Puedes mirarte ahora:
reconoces tus ojos en los ojos que miras.
Pues todo estuvo aquí desde el origen
y nada llevarás cuando te vayas.
La luz, la luz, la luz…
Sólo la luz.
En el aire se eleva,
llama encendida,
y a la tierra desciende,
fértil rocío.
La luz que siempre estuvo
y que por fin contemplas.

¿CÓMO decir aquello
que escapa a las palabras,
que no puede ser dicho, que al tocarlo
se esfuma y desvanece
como una frágil pompa?
¿Cómo decirlo, si el silencio
es pórtico de entrada
a un santuario mágico
sin dintel, sin umbrales?
Tú puedes transformar
los ecos de la sombra
en gracia y luz, pues tu mirada
ilumina rincones y recodos,
restaña las fisuras,
cura las llagas, las heridas
y crea en el vacío
un espacio de encuentro
para morir en calma.

NADA anterior.
Todo habita el instante
en el que dices: amo.
Todo se transmuta en amor.
Aquí, ahora y para siempre.
No acabará su plenitud
en el vacío en el que todo acaba.

HOY trazan las olas signos misteriosos
entre el azul intenso de un cielo que se eleva
y el negror del abismo donde yacen los sueños.
Parece el mar un vasto campo de flores entreabiertas,
un lecho sin reposo, un camino sin rumbo
que va a ninguna parte.
Esta noche de fuego,
de luces encendidas más allá de las luces,
de soles apagados y de lunas crecientes;
esta noche de fuego, de memorias perdidas,
en medio del tumulto,
en medio del silencio
ha puesto una palabra viva
sobre tu frente alta.
Ungido por la luz,
sellado en la mirada por marcas indelebles,
hoy cruzas universos infinitos
suspendido en el cuerpo
que ha engendrado tu alma.
Mañana llegarás,
cuando nadie te aguarde,
al lugar en que ocultas
lo que el alma desea.

EN este emplazamiento
de tierra, de agua y fuego
tan solo el aire eleva el cuerpo hasta su gloria,
el alma hasta su gozo:
cuerpo y alma son uno
de tierra, aire y gozo;
de fuego, aire y gloria;
de agua, aire y calma.
Gira la rosa de los vientos
al Sur. Esta noche la luna
desvelará el misterio
que anunciaron los siglos.

TANTOS eones, ciclos y milenios
hasta encontrarte ahora
en la brisa que mece tus cabellos,
en el suave murmullo de un agua que no cesa,
en el canto menudo de un canario enjaulado.
Tantos milenios de materia
luchando en la materia
hasta parir espíritu;
de espíritu
luchando en el espíritu
hasta parir la Nada
en que todo se encuentra.
Hasta alumbrar silencio,
plenitud de gozo y de sentido
en que todo aparece.

OTRA niña vendrá
con luz entre sus manos,
con brillo en su mirada,
con sonrisa encendida
en las brasas intangibles de la tarde.
Otra niña vendrá
para poner conciencia entre los sauces,
para llevar el sueño hasta las olas
y parir al crepúsculo
desnuda y en silencio.
Entre el alba y la tarde
tendrá una vida plena:
descubrirá la sombra
que se enreda en sus pasos,
descubrirá la risa,
descubrirá el amor,
descubrirá el olvido.
Entre el alba y la noche
tendrá una vida luminosa.

ESTA luna amarilla
sella el silencio
en las olas del mar enfurecido,
de un aire enfurecido,
de un fuego enfurecido.
Y de una tierra mansa.
Luna amarilla
por encima del bosque,
faro en la noche lenta
del solsticio de estío.

[Anotación
sobre una hoja inmaculada,
transparente,
papel en blanco o amarillo.
Fatiga y soledad
de las palabras dichas
sobre el papel desnudo]

La palabra es en ellas el destino.
¿Lo ha sido en ti?
¿Es la palabra en ti
el exacto designio,
el destino marcado,
la virtud necesaria
de lo que ha de decirse
en este aquí y ahora?
Hoy has visto crecer
la palabra sembrada
en tu tierra y tu vida
en los campos de otros.

¿Escapó de tus labios?
Libertad de vivir.
Libertad de morir.
No. Las palabras no nos pertenecen.
Por aquí pasan, cruzan,
las cruzamos.

A veces se embarazan,
paren otras palabras
en silencio.
Y no nos pertenecen.

Vas en el viento,
polen de la belleza,
fecundas a tu antojo
campos ajenos,
ajenas vidas que también son nuestras.

Esbozos,
trazos,
marcas,
borradores,
embrión de una palabra
que no germina nunca.
Que se malogra
y muere
apenas fecundada.

¿DÓNDE tu voz,
tu tono,
tu timbre,
tu armonía,
tu ritmo,
tu caudal,
tu acento?
¿Dónde tu voz,
que no acierta a nombrarte
y en el viento se esfuma?

EL fruto de tu flor
fue palabra no dicha.
Silencio, suspensión.
Palabra malograda
que viene y se encamina hacia el vacío
en esta oscura noche
que no termina nunca.

En el aire se mece,
como si fuera un sueño,
esta flor amarilla
del sereno Pacífico.
Los gorriones dejan
su canto elemental
prendido en este viento
que se enreda en las ramas
y conduce tu mente
a un remoto lugar
de silencio y olvido.

DOS cuerpos en un lecho
desnudos en la aurora:
plenitud de deseos
que tan solo se cumplen
cuando el amor se logra.
Renacen
estos ojos que buscan,
estas manos que buscan,
estos labios que buscan
el centro de tu cuerpo
y de tu alma,
el culmen del deseo
en la pequeña muerte que anticipa
esa gran muerte a la que vamos.

TEMPESTAD
en medio de la noche.
Barcos a la deriva
en las simas de un mar sin fondo.
Abismos de la mente,
del cuerpo
en medio de la noche
sin puerto al que acogerse,
sin rumbo, sin destino.
Tempestad
en medio de la noche.

AL final todo será nada
¿engullirá la nada
el misterio imposible de haber sido
los objetos y el tiempo,
el dolor y el placer que acontecieron?
Nada y vacío.
Y nada quedará
(ni el recuerdo siquiera)
de las cosas que fueron.

SI las palabras
brotan de un manantial de vida,
no son otras palabras,
es otra vida lo que pides
cuando sueñas el verso nunca dicho,
los relatos fantásticos
que nos hablan de amores
por nadie conocidos, por todos esperados.

TODO aquí se disipa
como una sombra
que nunca fue.

Todo se desvanece
como la nieve frágil
tocada por el sol,
como el beso en tus labios.

Todo se escapa.
También el dulce viento
que sana las heridas.

SE ensombrece la tinta con que escribes,
la sangre
que golpea tus sienes,
la mirada
que te descubre un mundo
de tristeza infinita.

Se oscurece la vida
lejana
de la luz del origen,
de la luz del destino
y de esta luz que vibra en el presente.

Te habita el caos. No pretendas
introducir el orden en tu vida,
ni descubrir el orden
del universo.

Todo es caos. Todo vuelve
al primordial desorden.
Todo es nada.
Una vez más. Todo: Nada.

Y en esta nada
te encuentras a ti mismo,
por fin te reconoces,
te abrazas en silencio
a ese punto de fuga
en que refulge
el Ser.

A un dios desconocido

Capaz de Dios se dijo que es el hombre.
Antonio Carvajal, "Testimonio de invierno"

Antes de seguir mi camino
y de poner mis ojos hacia adelante,
alzo una vez más, solitario, mis manos
hacia ti, de quien huyo,
al que en el más hondo fondo del corazón
consagré, solemne, altares
para que en todo tiempo tu voz
vuelva a llamarme de nuevo.
Abrásase encima, inscrita hondo,
la palabra: Al Dios desconocido:
tuyo soy, y siento los lazos
que en la lucha me abaten
y, si huir quiero,
me fuerzan al fin a acercarme a ti.
¡Quiero conocerte, Desconocido,
tú, que tocas lo más profundo de mi corazón,
y atraviesas mi vida como una tormenta,
tú, inaprehensible pero mi semejante!
Quiero conocerte, oh Dios desconocido.
Friedrich Nietzsche, "Al Dios desconocido" (1864)

Ya no me dan miedo
las cosas que no comprendo.
Manuel Broullón, "El muro de Planck",
en *Brecha sonora y vibrante*

DESCUBRIR EL *KAIRÓS*

Tú no puedes volver atrás
porque la vida ya te empuja
como un aullido interminable.
José Agustín Goytisolo, "Palabras a Julia"

Todo ocurrió
en el momento exacto,
en el instante justo,
en la hora propicia.

No lo supiste ver.

Ahora
recuperas los pecios
de todos los naufragios
en las inmensas aguas
de tu existencia.

CADA INSTANTE QUE VIVO

Laudato si', mi' Signore, per frate vento et per aere et nubilo et sereno et onne tempo,
per lo quale a le tue creature dài sustentamento.
FRANCESCO D'ASSISI, *Laudes Creaturarum*

Escuchar en silencio
este rumor de la hierba que crece,
el susurro del aire,
la dulce sinfonía de los pájaros,
las flores que han tejido
tu rostro sobre el campo
es escucharte a ti.
Estás aquí, pues vivo tu presencia:
me siento en ella, me acoge, me sostiene.
Ya no puedo vivir sin tu armonía,
alejado de un rostro que se muestra
a todo el que lo mira;
de un rostro que se oculta
si el corazón se aleja.
Nunca podré ser más
de cuanto en ti me siento,
pues completo te entregas
cada instante que vivo.

LA TARDE ESTÁ CAYENDO

Quédate con nosotros, porque atardece y el día ya ha declinado
(Lc. 24, 29)

La tarde está muriendo
como un hogar humilde que se apaga
ANTONIO MACHADO, "Campo".

La tarde está cayendo. Desde Collevalenza
las sombras trazan, mudas, un horizonte inmenso.
Las colinas se pueblan de luces como estrellas
y las campanas llaman a recogerse el alma.
El cielo, azul oscuro, va perdiendo sus brillos
y los abetos verdes se funden con sus sombras.
Pero los campos siguen poblados de presencias
que nos hablan de vida, de amor y de ternura.
Quédate con nosotros. La tarde está cayendo
y nos sentimos solos cuando la noche llega.
Quédate con nosotros y ofrécenos el agua
que calma nuestra sed de luz y de infinito.

SINFONÍA DE LUZ Y DE SILENCIO

Un arcángel ambiguo adivina el silencio
PEDRO ENRÍQUEZ, "La noche le es propicia". *Libélulas y granados*

Todo se eleva al cielo desde estas viejas rocas,
hacia el azul surcado por las nubes:
diálogo constante de la piedra y la lluvia,
que da vida al verdor del singular pinsapo
o a la mancha amarilla de la humilde linaria.
La luz detiene el tiempo. Vuelvo a ser caminante
por los senderos de otra vida:
la tierra, el agua, el aire, el fuego me convocan.
Siento en el interior nacer otra mirada
que no acierto a expresar.
Y me entrego al silencio.

AQUÍ Y AHORA

Las palabras de amor deben ser liberadas
VALENTÍN NAVARRO VIGUERA, *Aquella luz entonces*

Nada esperar. Todo

Aquí.

Ahora.

Nada sentir.

Que la luz nos envuelva.

Dulce sudario
para la sepultura
de amor,
de olvido.

INMENSIDADES

¡Qué plenitud de soledad, mar solo!
Juan Ramón Jiménez, "Soledad"

La inmensidad del mar
bajo la inmensidad del cielo
nos hace descubrir
la inmensidad eterna
de nuestro espíritu
capaz de percibir tanta belleza.

TANTRA

Que no llegue la noche
sin que diga que amanecí en tus ojos.
Que el olvido no cubra esta hermosura
que desnuda a mi vista le ofreces. […]
JACOBO CORTINES, "Antes de la noche"

En la más ciega oscuridad tus manos
son alas que a volar me incitan,
el cuerpo se hace leve, deja en tierra
el infinito peso de la carne, pero eleva
la luz que late en ascuas sobre el pecho.

Y desde el sexo al punto misterioso
en el que cielo y tierra se hacen uno
cruza la luz. Ya siento
mi cuerpo en otra parte: somos nada
fundida. Somos todo. Somos carne
que se transmuta en luz, pura energía.
Libélulas transitan por tu cuerpo;
mares azules
hacia el alba llevan la luz.

Somos pura energía que abandona
la mitad inconclusa
donde el deseo es ansia de infinito
para ser —un instante—
la plenitud del gozo.

GLORIA

Con Vivaldi, RV 589

Gloria in excelsis Deo.

Luz arriba. Asciende entre mis manos.
Elévate.
Luz que canta a la Luz.
Gloria. Gloria.
Gloria a la Vida.
Gloria al Amor.
Gloria al Ser

Que habita en todo.
En lo alto. Arriba. Asciende.
Canto de luz y de alegría.
Canto de Gloria.

INSTANTE FINAL

El mar. La mar. El mar.
¡Sólo la mar!

RAFAEL ALBERTI, "El mar. La mar", en *Marinero en tierra*

Que no te lleve el mar, que no te arrastre
cuando contemples, mudo, la noche en sus orillas.
Gira lenta la luna cruzada por la nube
y las estrellas huyen hacia un lugar lejano.

Que el mar no te devore cuando en él te sumerjas
para vivir la dicha de la unidad a oscuras
y le entregues tu cuerpo, que refulge en la noche,
mientras la sal te impregna, te unge y te consagra.

Que las olas no arrastren tu cuerpo malherido
cuando al final desistas y a sus manos te entregues.
Que, amorosas, sean alas para emprender el vuelo
no en el aire: en el mar en que al final te fundes.

CAMINO DE REGRESO

El tiempo es aquel azor que con sus alas
trazaba signos en la luz.
MIGUEL VEYRAT, "El tiempo como azar"

Horas lentas apenas enhebradas
por el canto de pájaros. Estío.
Se abre ante ti el camino de regreso:
parte sin miedo;
ni brújula ni mapa necesitas,
no lleves equipaje.
Podrás reconocer ese lugar exacto
sin preguntar a nadie.
A tu animal de fondo, mientras llegas,
alimenta con aire.

NO HAY OTRA LUZ

Lume non è, se non vien dal sereno/ che non si turba mai.
DANTE, *Paraíso,* XIX, 64-65

Vuelvo a sentir la luz cada mañana
y no puedo querer más que la vida.
MANUEL NEILA, *Fuentes de la edad*

La verdadera luz viene de arriba
como lluvia fecunda que renueva
el corazón. Por dentro nos enciende:
somos antorchas vivas, luz del cielo,
fuego que irradian nuestras manos
cuando acarician, cuando entregan
la vibración cordial en el abrazo,
cuando se elevan: vuelos misteriosos
para acoger la gracia que nos llega.
No hay otra luz:
lo demás, fuegos fatuos que al abismo conducen.
No hay otra luz:
la que viene del cielo sereno, imperturbable.
Acógela en tus manos como flor invisible
que con amor regalas.

ETERNAMENTE SUSPENDIDO

Qué más da que la nada fuera
nada si más nada será, después de todo,
después de tanto todo para nada.
José Hierro, "Vida"

Ahora, perfección,
acaba tu tarea:
asesina el instante:
fíjalo eternamente
suspendido en la nada.

Índice

SEMILLAS DE ESPERANZA

REGRESO AL ORIGEN

A UN DIOS DESCONOCIDO

Esta obra
se acabó de imprimir
con los auspicios de
Charo Fierro y
Antonio J. Huerga, editores
el 4 de octubre de 2024,
día de San Francisco de Asís

FINIS CORONAT OPUS